ACTÉON

ET

LE CENTAURE CHIRON

FANTAISIE LYRICO-MYTHOLOGIQUE

PAR A. DE LEUVEN

D'APRÈS LA PIÈCE DE DUVERT, THÉAULON ET DE M. DE LEUVEN

MUSIQUE DE FRANCIS CHASSAIGNE

Représentée pour la première fois, à Paris, sur le théâtre du PALAIS-ROYAL, le 24 janvier 1878

J. B.

PARIS

BARBRÉ, LIBRAIRE-ÉDITEUR

14, BOULEVARD SAINT-MARTIN, 14

1878

ACTÉON

ET

LE CENTAURE CHIRON

FANTAISIE LYRICO-MYTHOLOGIQUE

Représenté à Paris sur le Théâtre du Palais-Royal
le 24 Janvier 1879

PERSONNAGES

ACTÉON, jeune seigneur Gr..o.	MM.	FUSIER.
Le Centaure CHIRON, Docteur en médecine.		MONTBARS.
DIANE	Mmes	DEZODER.
CLYTIE.		HADING.
DANAÉ,		DÉRICOURT.
LÉDA,	Nymphes de Diane. . . .	ELLEN ANDRÉE.
IO,		MORALES.
ARÉTHUSE,		NUNCY.
NYMPHES, CHASSERESSES, etc.		

La scène se passe dans une forêt

F. Aureau. — Imprimerie de Lagny.

ACTÉON

ET

LE CENTAURE CHIRON

FANTAISIE LYRICO-MYTHOLOGIQUE

PAR

A. DE LEUVEN

D'après la pièce de DUVERT, THÉAULON et DE LEUVEN

MUSIQUE DE

FRANCIS CHASSAIGNE

Représenté à Paris, sur le Théâtre du Palais-Royal, le 24 Janvier 1878

PARIS

BARBRÉ, LIBRAIRE-ÉDITEUR

12, BOULEVARD SAINT-MARTIN, 12

1878

ACTÉON

Le Théâtre représente une forêt. — A droite, vers le fond, un buisson de roseaux masquant une fontaine. — A gauche, sur le premier plan, un banc de gazon.

SCÈNE PREMIÈRE

LES NYMPHES DE DIANE, *puis* DIANE.

Au lever du rideau, air de chasse et fanfares qui se rapprochent. Les Nymphes arrivent en cortége avec arcs, carquois et flèches. Deux d'entre elles ont des cors de chasse.

CHŒUR.

Assez courir, mes belles,
Les dames et les gazelles !...
Ici reposons-nous !
Sous cet épais feuillage,
Sous ce charmant ombrage,
Le repos sera doux !

DIANE.

Quelle heureuse journée,
La belle matinée !
Qu'il fait bon dans les bois !

ACTÉON

Moi, je suis intrépide
Et ma flèche rapide,
Met le cerf aux abois.

REPRISE DU CHŒUR.

Assez courir, mes belles, etc.

SCÈNE II

LES MÊMES, CLYTIE.

CLYTIE, *sortant d'un bosquet et se précipitant aux pieds*
de Diane.

O déesse, grande déesse,
Protégez-moi !

DIANE, *la relevant.*

Mais que nous veut cette jeunesse ?...
Explique-toi !

CLYTIE.

Je croyais voir finir mes peines,
Dès aujourd'hui ;
Je croyais tenir dans mes chaînes
Un bon ami !
Eh bien, eh bien ! tout est fini !
Il s'est enfui !

LES NYMPHES.

Il s'est enfui !

DIANE, *avec sévérité.*

Mais un tel langage me blesse.
En vérité.

Sais-tu que je suis la déesse
D'la chasteté !

CLYTIE.

Quel beau métier ! j'voulais le prendre...
Mais, je le vois,
Pour cela j'ai le cœur trop tendre...
Pardonnez-moi...
Le trompeur qui trahit ma foi,
Rendez-le moi !

DIANE.

Tais-toi !
Tais-toi !

LES NYMPHES.

Tais-toi !
Etc.

CLYTIE, *suppliant.*

Superbe déesse !

DIANE.

Assez, assez, péronnelle ! (*S'adoucissant.*) Pour
tant, voyons... aujourd'hui, j'ai fait chasse heureuse,
je suis bonne princesse... que veux-tu ? que réclames-
tu ?

CLYTIE.

Un mari !

LÉDA.

Un mari !... c'est scandaleux !...

DANAÉ.

Tu nous fais rougir comme des pommes d'api !...

DIANE.

Un mari!... mais les hommes sont des traîtres!...

10.

Des chenapans !...

ARÉTHUSE.

Des gueux !

DANAÉ.

Il faut les abominer !...

CLYTIE.

Ça se dit... mais, pour les haïr en connaissance
de cause, laissez-moi en essayer un... (*Geste de colère
de Diane.*) Rien qu'un...

DIANE.

Et tu as fait un choix?...

CLYTIE.

Eh! mon Dieu oui...

DIANE.

Qui ça?

CLYTIE.

Un drôle...

DIANE.

Un drôle?... ça n'est pas une profession...

CLYTIE

Il est séducteur de son état et chasseur par goût;
il en est insupportable; c'est un homme des bois.

LÉDA.

Un sauvage?...

DANAÉ.

Un mohican?

CLYTIE.

Non... il est assez apprivoisé.

DIANE.

Son nom?...

CLYTIE.

Actéon !... Il n'est pas bien joli.

DIANE.

Si, Actéon, c'est doux !

CLYTIE.

Je ne parle pas de son nom, je parle de lui...

DIANE.

Bien, bien ! alors pourquoi l'aimes-tu ?

CLYTIE.

C'est qu'il était si galant !... La première fois que je
le rencontrai, il me fit présent d'un canard sauvage
qu'il venait de tuer... la seconde fois, il m'en donna
quatre... ah ! j'avoue que ce procédé m'alla au cœur...
quatre canards !...

DIANE.

Et c'est là ce qui t'a séduite, pauvre innocente ! Tu
aimes donc bien le canard ?

CLYTIE.

Dame !... Résistez donc à des choses comme ça...
mais ce n'est pas tout, ah ! ah ! ah ! (*Elle sanglote*).

1.

DIANE.

Voyons, ne pleure pas à inonder les environs.

CLYTIE.

A présent, il me fuit le monstre, et il ne parle plus du tout de m'épouser !...

DIANE.

Mais peut-être devrais-tu être contente de sa conduite... Il te fuit pour ne pas te tromper...

CLYTIE.

Il aurait bien dû me fuir plus tôt !...

DIANE.

Que veux-tu dire?... Il aurait abusé de son rang au point...

CLYTIE.

Mais c'était bien me tromper que de me promettre le mariage et de m'abandonner ensuite.

DIANE.

Ah! il t'avait promis...

CLYTIE.

Bien plus... il en avait fait le serment sur votre propre autel...

DIANE.

Profanation !... le traître a souillé mon temple d'un parjure !... Qu'il soit puni... tu seras vengée, jeune fille !...

CLYTIE.

Oh ! ne le faites pas trop mourir ; voyez-vous, il a reçu de mauvais conseils : il a un vieux précepteur *bai-brun*.

DIANE, *vivement*.

Le Centaure?...

CLYTIE.

Chiron !... qui est le plus mauvais des animaux.

IO.

Mais non, mais non... c'est notre ami...

DANAÉ.

Un docteur de la faculté d'Athènes...

DIANE, *à Clytie*.

Écoute, jeune mortelle... le centaure Chiron est mon homme... ou plutôt mon cheval de confiance... punir son élève, ce serait le désobliger beaucoup. En attendant que je sois en mesure de te venger comme il convient, je t'admets au nombre de mes nymphes.

CLYTIE.

Si ça vous oblige, je l'veux bien...

IO.

Quel honneur !

DANAÉ.

Quelle chance !

DIANE.

Après toutefois que tu auras subi l'épreuve à laquelle sont soumises toutes les beautés de ma cour...

CLYTIE.

Et quelle est cette épreuve?...

DIANE.

Oh! une bagatelle!... Tu monteras sur un bûcher enflammé, devant ma statue: Si tu as été sage, la flamme te respectera; si tu me trompes, tu seras carbonisée.

CLYTIE, *reculant effrayée.*

Carbonisée!... oh! oh! oh!

DANAÉ.

Nous avons toutes passé par là...

IO.

Nous avons toutes grimpé sur les fagots flamboyants.

CLYTIE, *à part.*

Aie! aie! aie!

ARÉTHUSE.

Et pas la moindre ampoule.

CLYTIE, *à part.*

Oh! mais ça mérite reflexion...

DIANE.

Tu hésites...

CLYTIE.

Je demande jusqu'à demain pour faire une consultation...

DIANE.

Je te donne un quart d'heure...

TOUTES.

Oui... Un quart d'heure !...

CLYTIE, *avec effroi*.

Rien que ça ?

DANAÉ, *s'approchant de Clytie à voix basse*.

Va trouver le centaure...

IO, *de même*.

En catimini... c'est un conseil de bonnes cama-
rades...

CLYTIE, *bas*.

Il me tirera de la fournaise ?...

DANAÉ, *de même*.

Il est courtier d'assurance...

IO, *de même*.

Contre l'incendie...

CLYTIE.

Fameux !... (*A Diane.*) Et, si je suis des vôtres,
Excellence, vous punirez mon perfide...

DIANE, *levant la main*.

Par Jupiter tonnant ! (*Bruit de grelots au fond.*)
Mais j'entends le galop de Chiron... nymphes, con-
duisez cette néophyte à mon temple... je vous rejoins

dans cinq minutes pour lui faire subir la grande épreuve...

CLYTIE, *à part.*

Aïe! Aïe! Aïe!...

REPRISE DU CHŒUR.

DIANE ET LES NYMPHES.

Assez courir, mes belles,
Les dames et les gazelles !
Au temple $\begin{cases} \text{rendez-vous,} \\ \text{rendons-nous !} \end{cases}$
Ce soir sous les ombrages
Et les riants feuillages :
Le repos sera doux !

(*Clytie et les nymphes sortent par le fond à droite.*)

SCÈNE III

DIANE, *puis* CHIRON.

DIANE.

Ah ! il me tarde de parler au Centaure ! Aura-t-il découvert la retraite de mon cher Endymion ? (*Chiron paraît au fond. Il a le train de derrière d'un cheval, la tête et les jambes d'un homme. Grelots autour du cou.*)

AIR.

CHIRON.

Hennissant,
Trottinant,
Galopant,
Sur le qui-vive,
Ici j'arrive !
Ordonnez, me voilà,
Je suis là
Prêt à courir
Pour vous servir !
(*Il hennit.*)
Hi ! hi ! hi ! hi !
Je n'suis pas un' bête ordinaire...
On peut me confier vraiment
Le soin de la plus grave affaire...
Je sais la mener rondement,
Car je suis cheval par derrière
Et je suis homme par devant !

(*Parlé.*) Voyez !

Vrai cheval pur sang par derrière
Et gentilhomme par devant !
(*Il hennit.*)
Hi ! hi ! hi ! hi !
REPRISE.
Hennissant,
Trottinant,
Galopant,
Sur le qui-vive,
Ici j'arrive !
Ordonnez, je suis là,

Me voilà !
Prêt à courir,
Pour vous servir.
Hi ! hi ! hi ! hi !

DIANE.

Ah ! vous voilà de retour, Chiron !...

CHIRON.

Oui, déesse... je vous salue avec considération.
Hi ! hi ! hi ! (*Il caracole et hennit.*)

DIANE, *soupirant.*

Eh bien, docteur, avez-vous découvert la retraite
de mon volage, de mon cher Endymion ?...

CHIRON.

Oui, déesse... Ah ! c'est un beau berger, un splen-
dide berger...

DIANE.

Parbleu !... et où s'était il réfugié, l'ingrat ?

CHIRON.

En Arcadie... lui et son troupeau. Ils habitent un
cabinet garni d'une grande malpropreté.

DIANE, *à part.*

Le perfide !... Lui qui pouvait vivre à ma cour en-
touré de soins et d'hommages (*Haut.*) comment
l'avez-vous trouvé ?

CHIRON.

Sans habit, ni veste ni...

DIANE.

Fi! *shoking!*

CHIRON.

C'est le costume national des habitants de l'Arcadie, ce qui fait que dans ce pays les tailleurs sont obligés de se faire clercs de notaire pour vivre... et, comme il n'y a pas de notaires, ils s'en vont, n'ayant pas d'emploi...

DIANE.

Mais quel tissu de bêtises me contez-vous là, centaure Chiron?... Je vous demande comment il a accueilli votre démarche?

CHIRON.

Ah! bon... J'entre dans son hôtel, je dis au portier qui était aussi sans habit, ni veste ni... « — Je suis le centaure Chiron, je viens de la part de Diane pour enlever Endymion. » Le portier me dit: « Endymon! un berger!... au cinquième la porte à gauche... » Bon j'y grimpe, je frappe « Qui est là! » me crie-t-on « Le centaure Chiron, sacrebleu!... — Entrez!... » J'ouvre, j'entre... je le trouve...

DIANE, *avec intérêt.*

Était-il seul, l'ingrat?

CHIRON.

Non...

DIANE, *à part avec jalousie.*

Je m'en doutais!...

CHIRON.

Son troupeau était sorti ; mais il avait avec lui un veau qui était malade...

DIANE.

Il n'y avait pas de bergère ?...

CHIRON.

Ni de chaises...

DIANE, *à part.*

Je respire !

CHIRON.

Je lui dis ces mots : « Est-ce vous qui êtes le berger Endymion, si connu dans la Fable ? » — Il me dit : « C'est moi. » — « Bon ! » Je lui dis : « Je viens de la part de Diane déesse de la chasse, vous dire qu'elle est éprise de vous. Elle vous prie de passer dans l'Olympe, au premier moment, pour vous entendre avec elle à cet égard-là... »

DIANE, *avec pruderie.*

Vous auriez pu, Chiron, vous servir d'expressions plus dignes de moi... Qu'a-t-il répondu à cela !

CHIRON.

Alors, voilà un berger qui se met sur son séant et qui me dit : « Comme ça se trouve ! je l'adore aussi depuis plus de sept mois !... »

DIANE, *avec joie.*

Lui !... Il t'a dit cela ?...

CHIRON.

Et il a ajouté... « Je l'aime depuis sept mois au
« point de négliger ma profession... mes moutons
« errent à l'aventure et je les laisse se livrer à tous
« les déréglements de leur âge... » Et puis il a porté
la main à ses yeux comme ça...

DIANE, *avec joie.*

Vraiment !

CHIRON.

C'était pour éternuer...

DIANE, *avec transport.*

Est-il possible !... j'étais aimée !...

CHIRON.

Comme un fou !

DIANE.

Et tu l'as enlevé ?...

CHIRON.

Net ! en croupe !... Il voulait emmener son com-
pagnon, je n'ai pas voulu, je me suis un peu privé
du veau.

DIANE.

Tu as bien fait... et en route que t'a-t-il dit ?

CHIRON.

Oh ! déesse ! il n'a cessé de me vanter vos grâces
votre habileté à la chasse... votre chasteté.

DIANE.

Que je suis heureuse !

CHIRON.

Il a le cœur si plein de sa passion, que votre nom suffit pour lui faire perdre la tête. Il est passé près de nous deux tambours qui battaient la Diane, il sautait sur mon dos de la manière la plus pénible, en me disant : « C'est la Diane... c'est la Diane !... »

DIANE.

Quel dévouement !... Et pourquoi ne l'avez vous pas amené jusqu'ici ?

CHIRON.

C'est qu'il lui faut le temps de passer un habit et une... cependant si vous voulez...

DIANE.

C'est bien ! (*D'un air mystérieux.*) Vous le conduirez dans mon temple à Éphèse... je dirigerai ce soir ma chasse de ce côté, et je le rencontrerai comme par hasard !...

CHIRON, *hennissant.*

Hi ! hi ! hi ! hi ! hi !

DIANE.

Chiron ! Vous avez ma confiance ! pas un mot de tout ceci à mes nymphes !

CHIRON.

A qui le dites-vous? Elles sont cancanières comme des sages-femmes!

DUETTO.

(*A voix très-basse.*)

Oui, le mystère...

DIANE.

Oui, le mystère...

CHIRON.

Est nécessaire...

DIANE.

Est nécessaire...

CHIRON.

Il faut se taire !...

DIANE.

Il faut se taire !...

CHIRON.

Car le mystère...

DIANE.

Car le mystère...

CHIRON.

Sera toujours...

DIANE.

Sera toujours...

CHIRON.

Le programme du ministère
De Cupidon, roi des amours.

DIANE,

De l'adresse !
De la finesse !

CHIRON.

J'en sens l'utilité,
Oui, princesse,
Oui, déesse
De la chasse...teté !

TOUS DEUX.

REPRISE.

Oui, le mystère
Est nécessaire.
(Criant à tue-tête.)
Il faut se taire...
Il faut se taire...
Car le mystère...
Car le mystère...
Sera toujours
Le programme du ministère
De Cupidon, roi des amours.
(Diane s'éloigne par le fond.)

SCÈNE IV

CHIRON, seul.

Porter encore cet animal d'Endymion à Éphèse,
quelle course !... je n'ai jamais transporté de si gros
berger... Il est très-lourd ! Diane ne me rend pas jus-

tice... je ne suis qu'un demi-cheval et elle me traite
comme un limonier... qu'est-ce que j'entends là?...
(*Voyant Clytie qui sort mystérieusement d'un buisson.*) Tiens ! Tiens ! Tiens !... quelle est cette berge-
ronnette?... Ah ! la petite Clytie... la passion... la
coqueluche d'Actéon, mon élève.

SCÈNE V

CHIRON, CLYTIE.

CLYTIE, *avançant à pas de loup, à voix basse.*

Chut !

CHIRON, *de même.*

Chut !... (*Il l'amène sur le devant du théâtre.*)

CLYTIE.

Chut !... La Renommée aux cent bouches m'a dit
que vous étiez un savant...

CHIRON.

Je m'en flatte; disciple d'Hyppocrate, docteur à
quatre pattes... *allopatte* et *oméopatte.*

CLYTIE.

Or donc, savant quadru*patte*, j'ai recours à vos lu-
mières...

CHIRON.

Mon fanal te luit... parle, jeune indigène... je suis

ferré sur toutes les maladies... dyspepsie, photogra-
phie, anémie, démagogie...

CLYTIE.

Je n'ai rien de tout ça.

CHIRON.

Pour lors, quel est ton bobo, ma mignonne?

CLYTIE.

Dame!... c'est difficile à détailler... ces demoiselles m'ont dit comme ça que vous aviez une recette...

CHIRON, *riant*

Contre l'incendie... ah! ah! ah!...

CLYTIE, *stupéfaite*.

Oh! c'est drôle... vous devinez à demi mot.

CHIRON, *riant*

Parbleu!... sans lunettes j'ai la seconde vue... notre
grande déesse t'a promue au grade de demoiselle...

CLYTIE.

D'honneur!...

CHIRON.

D'honneur!... mais dame! il y a un petit préli-
minaire... les petits fagots...

CLYTIE.

C'est brûlant...

CHIRON.

C'est flambant !... et tu voudrais bien avoir un tantinet de mon merveilleux onguent !...

CLYTIE, *vivement*.

Contre la brûlure !...

CHIRON, *riant*.

Ah ! ah ! ah !... Tout comme ces demoiselles.

CLYTIE.

Vous leur en avez vendu aussi ?

CHIRON, *riant*.

A Danaé, à Léda... à Io !... ah ! ah ! ah !... je crois bien... et une forte dose !...

CLYTIE, *vivement*.

Oh ! moi, je n'ai besoin que d'une toute petite...

CHIRON, *riant*.

Cependant tu n'en mettrais pas ta menotte au feu.

CLYTIE, *baissant les yeux*.

Dame ! que voulez-vous !... dans ce satané pays, à Paphos, tout près de Cythère... le hasard... les accidents... les insolents... on est si exposée !...

CHIRON.

Que tu voudrais avoir en poche une petite police d'assurance...

2

CLYTIE.

Le monde est si méchant !

COUPLETS ET DUETTO.

On s'endort dans un bosquet :
Passe un gommeux, d'aventure...
Il vous chipe le bouquet
Qui pare votre ceinture,...
Ce n'est rien !
Moins que rien !
Pourtant on en glose !
Et d'un rien,
Oui, d'un rien,
On fait quelque chose...
Quelque fill' de bien,
On n'est sûr' de rien,
De rien !

DEUXIÈME COUPLET.

L'autr' soir il pleuvait à seau...
J'allais au bal d'Idalie...
Voilà qu'un beau jouvenceau
Me prend sous son parapluie...
Ce n'est rien,
Moins que rien !
Pourtant on en glose,
Et d'un rien,
Oui, d'un rien,
On fait quelque chose,
Quelque fill' de bien,
On n'est sûr' de rien !
De rien !

DUETTO.

CHIRON, *riant.*

Je comprends ta délicatesse ;
Avant de courir t'enrôler
Sous les drapeaux de la déesse,
Tu voudrais, gentille prêtresse,
Être sûr' de ne pas brûler...

OLYTIS, *suppliant.*

Oh ! ne me laissez pas brûler !
Cette recette merveilleuse,
        Cet onguent,
    Qu'on dit tout-puissant,
        Vendez m'en !
Docteur, vendez-m'en !

CHIRON.

C'est bien cher, petite peureuse !
(On entend un son de cor au loin.)

OLYTIS, *effrayée.*

Tenez, la déesse m'attend...
        Oh ! vendez-moi !
        A prix coûtant !

CHIRON.

Allons, je suis trop bon enfant !
(Il tire de sa poche un petit flacon doré.)

OLYTIS, *sautant et voulant s'en emparer.*

        Que c'est gentil !
        Combien c'est-il ?

CHIRON.

Un p'tit baiser.

CLYTIE, *rassurée.*

Eh ! mais, oui-dà,
Vraiment, c'n'est pas si cher que ça.

(*Il l'embrasse.*)

CHIRON.

Encore un !

CLYTIE, *se saisissant du flacon.*

Comme il vous plaira...

(*Il l'embrasse de nouveau.*)

Grâce à ce joli flacon-là,
Ces baisers-là,
Et cætera,
Rien de tout ça
Ne comptera.

CHIRON, *riant.*

Rien de tout ça
Ne comptera !
Maintenant, ô fille tendre,
Comme un' petit' salamandre,
Marche au feu sans trébucher,
Grâce à moi, gentille biche,
Tu peux dire : je me fiche
Des fagots et du bûcher !

CLYTIE, *toute joyeuse.*

Grand merci ! sans plus attendre,
Comme un' petit' salamandre,
Je marche au feu sans broncher,
Et plus brave qu'une biche,
Je peux dire : je me fiche
Des fagots et du bûcher !...

CHIRON.

Oui, ma biche,
Tu te fiche
Des fagots et du bûcher !

CLYTIE, sautant.

Je me fiche,
Je me fiche
Des fagots et du bûcher !
(*Elle sort en dansant et disparaît dans les feuillages.*)

SCÈNE VI

CHIRON, puis ACTÉON.

CHIRON, seul regardant Clytie qui s'éloigne.

Est-elle contente !.., est-elle heureuse !... (*Avec élan.*) Ah ! qu'il est donc doux de faire le bien !... Aussi j'ai été élu à l'unanimité, membre de la Société protectrice des animaux ! naturellement... protecteur par devant et protégé par derrière. (*On entend un bruit de chasse.*) Ah ! voilà sans doute Actéon mon cher élève. Eh ! mon Dieu, oui, c'est lui même... Il maigrit beaucoup. (*Actéon, paraît. Il a le costume grec, un carquois sur le dos et un arc à la main. Il s'avance sans voir Chiron, les yeux baissés et d'un air élégiaque.*)

ACTÉON, *déclamant.*

STANCES.

I

Mon cœur, quand je pense à ma belle,
Bêle.
(*Chiron répète en écho.*)
Il est flambant comme un réchaud
Chaud !
Est-ce donc l'erreur qui m'abuse ?
Buse !
Serais-je au lieu d'un paladin
Dain ?

II

Non, je trouverai pour ma flamme
L'âme !
Qui rendra mon cœur fatigué,
Gai !
Ou pour moi sans miséricorde,
Corde !
Car exister sans ce Phénix,
Nix !

CHIRON.

Nix !

ACTÉON.

Merci, écho...

CHIRON.

L'écho, c'est moi... Hi ! hi ! hi !

ACTÉON.

Ah ! c'est vous, docteur Chiron.., oh ! j'ai bien besoin d'une consultation.

CHIRON.

Où souffres-tu ?

ACTÉON.

Prêtez-moi votre patte de devant... Où je souffre ?...
(*Mettant la main de Chiron sur son cœur.*) Là... ça me
cuit... ça me cuit... (*Promenant la main de Chiron des
pieds à la tête*) là... là... holà... là !...

CHIRON.

C'est pénible !

ACTÉON.

C'est dégoûtant ! Voilà où l'amour m'a réduit...

CHIRON.

L'amour... c'est donc toujours cette petite Clytie
qui te tient au cœur?... Je viens de conférencer avec
elle...

ACTÉON.

Clytie !... Ah bien, oui... Zut pour Clytie !... je ne
peux plus la sentir... j'aime ailleurs, centaure Chiron.

CHIRON.

Qui ?...

ACTÉON.

Une déesse.

CHIRON.

Hi ! hi ! hi !

ACTÉON.

Chut! pas de bêtises, pas de cris !

CHIRON, *étonné.*

Ah bah!... et quelle est-elle?

ACTÉON, *avec mystère.*

La chose... de la chasse.

CHIRON.

Diane !... oh !... ciel !... hi ! hi! hi !

ACTÉON.

Pas de bêtises, pas de cris !... (*D'un air égaré.*) Elle s'est emparé de ma vie !... Je ne bois plus... je végète.. Je ne suis plus un homme, je suis une citrouille, un tubercule... Le jour, je ne vois qu'elle... je cours dans les bois comme un aveugle qui a égaré ce que vous savez... La nuit, je fais des rêves horribles... Je la tutoie et je lui dis des inconvenances.

CHIRON.

Dans quel état vous êtes !

ACTÉON.

Centaure Chiron !... je suis spirituel bien certainement, mais je suis amoureux.

CHIRON.

Hélas! l'un n'empêche pas l'autre.

ACTÉON.

Vous, vous êtes à moitié bête, mais vous êtes médecin... l'un n'empêche pas l'autre non plus... donnez-

moi un remède quelconque... Indiquez-moi un moyen
de me faire adorer de Diane... Elle est déesse, c'est
vrai... mais, moi, je ne suis pas d'une famille d'in-
sectes... mon grand-père Cadmus a inventé l'écri-
ture... Ce n'est déjà pas une chose si minime ça ! Si
vous lui mettiez cette considération sous les yeux,
je ne la crois pas sans valeur.

CHIRON.

Mauvais moyen !... Il vaut mieux lui parler toi-
même.

ACTÉON.

Mais comment ?

CHIRON.

Écoute !... Tu vois bien cette fontaine là-bas, derrière les roseaux...

ACTÉON, *après avoir regardé.*

J'ai le plaisir de la voir...

CHIRON.

C'est la fontaine de Jouvence.

ACTÉON.

Qui rajeunit ?...

CHIRON.

Incontinent... Ce soir à la nuit tombante, Diane et
ses nymphes viendront s'y livrer à des ébats hydro-
théra...

ACTÉON.

...piques.

CHIRON.

Oui...

ACTÉON.

Ah ! Diable !

CHIRON.

Place-toi sur son passage, jette-toi à ses pieds,
avoue-lui ton amour... et tout sera dit...

ACTÉON.

J'ai mieux que ça... j'ai mieux que ça !...

CHIRON.

Quoi !...

ACTÉON.

Je préfère me cacher tout près... tout près de la
fontaine... j'ai mon petit plan !... Oh ! je donnerais
six francs d'une lorgnette !

CHIRON.

Y penses-tu ?

ACTÉON.

J'ai tout prévu... Vous savez que je nage comme
une petite truite...

CHIRON.

A la génovoise.

ACTÉON.

Oui... quand une fois ma déesse sera dans le bain

avec toute sa suite... Qu'est-ce que je fais, moi?...

CHIRON.

Tu m'épouvantes !

ACTÉON.

Je me glisse entre deux eaux... je me joue gracieusement dans l'onde et je me confonds parmi les nymphes, comme ça. (*Il prend des poses gracieuses.*)

CHIRON.

A la bonne heure !... mais je doute qu'elle te prenne pour une nymphe !...

ACTÉON, *d'un air de pitié.*

Chiron !... que vous êtes jeune ! quand je me serai joué gracieusement d'après les procédés usités chez les Tritons, je mettrai des gants beurre frais et je m'avancerai diplomatiquement...

CHIRON.

Je n'ai jamais vu un plan plus imbécile... elle sera furieuse !...

ACTÉON.

Furieuse !... allons donc ! puisque je lui proposerai civilement un mariage civil...

CHIRON.

Malheureux chasseur ! mais tu cours à ta perte... d'abord tu as un rival !...

ACTÉON, *stupéfait*

Un rival ! qui ça ?...

CHIRON.

Endymion !

ACTÉON, *furieux.*

Oh ! le gueux !... je n'en ai jamais entendu parler ;
qu'est-ce qu'il fait ?

CHIRON,

Berger...

ACTÉON, *stupéfait.*

C'est propre ! et elle me préférerait un gardeur de
bestiaux !... un homme qui passe sa vie à traire des
brebis... est-ce que c'est un état, ça ?... allons donc,
Chiron, allons donc, Chiron, faites-y attention, mon
cher ami, il y a des moments où c'est votre train de
derrière qui domine dans vos raisonnements.

CHIRON,

Taratata !... sois prudent, sois adroit, je connais
Diane ; te voilà averti : on n'attrape pas les mouches
avec *un vieux nègre...* mieux vaut douceur que violence, le chemin le plus long est souvent le plus sûr.
Che va piano, va sano. Il faut garder une *poêle* pour la
soif... un bon *chien* vaut mieux que deux tu l'auras...

ACTÉON, *voulant l'interrompre.*

Chiron !

CHIRON, *continuant.*

Bière qui coule n'amasse pas de *mouches.* Bonne renommée vaut mieux que *cinq Turcs dorés.* Il ne faut pas *nourrir* deux lièvres à la fois...

ACTÉON, *entraîné.*

Bah! l'occasion fait le *luron*...

CHIRON.

Tant va *l'autruche à l'eau* qu'à la fin elle se *grise*...

ACTÉON.

Comme on fait son *livre* on se *mouche.*

CHIRON.

Deux *habits* valent mieux qu'un...

ACTÉON.

Quand le diable devient vieux il se fait *marmite.*

CHIRON.

L'ennui naquit un jour de l'*Université.*

ACTÉON.

Assez, centaure Chiron... c'est bête d'évacuer des proverbes comme ça, soyons sérieux...

CHIRON.

Oui, soyons parlementaires. A bon *étendard,* salut !... Je connais Diane, méfie-toi... méfie-toi...

ACTÉON.

Je verrai. (*A part.*) Je donnerais douze francs d'une lorgnette...

CHIRON.

A bientôt, mon élève, à tantôt. (*Le prenant à part avec mystère et l'amenant sur le devant de la scène.*) La prudence est la mère de la *surdité*...

Hennissant,
Trottinant,
Galopant.
(*Il sort en chantant et galopant.*)

SCÈNE VII

ACTÉON, *seul.*

Oui, oui ma Diane ! je vais te guetter. O Dieu quand je pense à ça... brou !... Tiens-toi coi, mon cœur... tiens-toi coi... quant à cette petite saltimbanque de Clytie... ce n'est pas qu'elle soit trop délabrée... pour délabrée elle ne l'est pas, elle est même drôlette !... Elle a un petit nez tout cocasse et qui aurait pu, à la rigueur, embellir ma vie, mais j'aime diablement mieux une déesse... pour six raisons : La première, c'est que c'est plus rare... les cinq autres... je les ignore... Oui, mais comment la guetter sans être aperçu ? Ah ! si je pouvais obtenir des dieux d'être transformé en quelque chose... avec des ailes... ou en n'importe quoi... avec des pattes... ça ne serait pas mal ça !... Jupiter me le doit... si j'épouse Diane, il

devient mon beau-père et il est bien permis de faire
une petite avance à son gendre... O grand Jupiter,
je t'invoque, mon pauvre ami, je t'invoque! Cristi!
ne me refuse pas cela, je te donnerai un reçu.

COUPLETS.

I

Donne-moi le plumage,
Donne-moi le ramage
De quelque oiseau malin...
De moi fais un serin !...
Et ma voix argentine
Charmera ma serine,
Qui dira : c'est divin !
Ah ! c'est un vrai serin !
        (*Imitation d'oiseau.*)
Jupiter, dépêch'-toi,
Change-moi ! change-moi !
Fais ça pour moi !

II

Sous une autre pelure,
Sous une autre fourrure,
Tu peux m'fourrer enfin,
Mon cher ami Jupin...
Donne-moi le physique
D'un beau chat romantique
Miaulant dans les nuits
Ses amoureux ennuis...
        (*Imitation du chat.*)
Jupiter, dépêch'-toi,
        Etc., etc.

III

Par ta puissanc' divine,
Dans une peau canine,
Tu peux te dépêcher,
Jupin, de me cacher...
Pour lors, à ma Diane,
A ma belle sultane,
J'dirai ces mots si doux
Dans la langu' des toutous...
(Imitation de chien.)
Jupiter, dépech'-toi,
Etc., etc.

(Parlé.) Ça y est-il ?... (Il s'agite comme pour faire tomber ses vêtements.) Je ne change pas !...

SCÈNE VIII

ACTÉON, CLYTIE, *au fond sans être vue de d'Actéon.*

CLYTIE, à part

Actéon ! Écoutons !

ACTÉON.

Eh bien ! Tant pis... Diane va passer là avec ses nymphes... j'en suis trop amoureux pour reculer.

CLYTIE, à part.

Amoureux de la déesse !... le monstre !

ACTÉON.

Je la suis de l'œil, et, une fois qu'elle sera im-
mergée... Oh! Dieu! Je donnerais dix-huit francs
d'une lorgnette!

CLYTIE, *s'approchant.*

Qu'est-ce que c'est que ces projets-là!... Polisson
que vous êtes?

ACTÉON, *chancelant.*

Clytie!... je tombe!... je voudrais une canne.

CLYTIE.

Vous voulez surprendre ma déesse au bain?

ACTÉON.

Ta déesse?...

CLYTIE.

Oui, monstre!... Je suis soubrette de Diane... vous
m'avez forcée à jouer cet emploi invraisemblable...
vous m'avez exposée à être rôtie comme une mau-
viette... mais je me vengerai... je connais vos projets
je cours prévenir ma maîtresse!

ACTÉON, *effrayé.*

Arrête! (*D'un air piteux.*) Clytie, aurais-tu la chose
de vendre la mèche!

CLYTIE.

Oui...

ACTÉON, *vivement,*

S'il est possible ! un être que j'ai comblé de canards sauvages !... Voilà bien les femmes !

CLYTIE.

Osez-vous lever les yeux devant moi, parjure que vous êtes !

ACTÉON.

Clytie !... je t'en prie... pas de bêtises... pas de cris !... Tu as surpris mon secret... oui, j'aime Diane, je suis fou d'elle... j'en suis crétin !

CLYTIE.

Et il me le dit encore... à moi... à moi ?...

ACTÉON.

Clytie ! Clytie ! ne me trahis pas... car je t'aime, Clytie... je t'aime toujours... Ça n'empêche pas !... un cœur pour deux amours !... Veux-tu de l'or ?... Veux-tu des pierres fines ?... Veux-tu une machine à coudre ?... Veux-tu que je te fasse un petit magot pour épouser un homme de ta classe !

CLYTIE.

Insolent !!

ACTÉON.

Tu me désoles ! Tu veux me trahir ! Eh bien ! tu seras cause de mon décès !... Oui... mais tant mieux !... tu auras des remords... tu en auras qui te gêneront sur tes vieux jours... Ah ! voilà une vieille femme qui sera à plaindre dans l'âge caduc, quand elle aura vendu son fonds de nymphe!... avoir fait périr un chasseur qui la chérissait!... Tu es émue, Clytie, un pleur perle à ton œil...

CLYTIE.

Eh bien oui... la kyrielle des souvenirs... je pleure comme une biche...

ROMANCE.

I

Quand, le matin, tu partais pour la chasse,
Tu me disais : « O toi qui m'as soumis,
« Si je poursuis le canard, la bécasse,
« C'est pour t'offrir un savoureux salmis. »
De tes canards j'étais affriolée !
Et j'en mangeais, tous les soirs, avec toi...
Par ton amour tu m'as ensorcelée,
Oh ! par l'hymen désensorcèle-moi !
          Désensorcèle-moi !

II

J'ai fait des frais pour notre mariage
Et j'ai loué deux chambr's à l'entre-sol...
J'ai retenu la femme de ménage,
Qui blanchira tes bas et ton faux-col...
Ma rob' de noce est déjà déballée...
Déjà Brébant veut cuisiner pour toi...
Par ton amour tu m'as ensorcelée,
Oh ! par l'hymen désensorcèle-moi !
          Désensorcèle-moi !

ACTÉON.

Assez, Clytie ! assez !

CLYTIE.

Ah ! à ton tour tu es émotionné.

ACTÉON.

Oui... (*Résolûment.*) Eh bien ! non... mon cœur brûle toujours pour une autre.

CLYTIE.

Sacripant !...

ACTÉON.

Je veux m'unir à quelque chose de céleste, avoir une position dans l'Olympe !

CLYTIE, *indignée*

Sous-préfet ?

ACTÉON.

Non... je crains la casse... bien mieux que ça... un rang... inamovible... avec des appointements inamovibles...

CLYTIE, *furieuse.*

Ah ! c'est comme ça... Eh bien, tremble... frémis ! Je vais découvrir le pot aux roses...

ACTÉON.

Clytie !... Clytie !... sois bonne nymphe ! et je t'épouserai aussi... de la main gauche. (*Il se jette à ses pieds.*)

SCÈNE IX

Les Mêmes, DIANE ET SES NYMPHES.

DIANE, *et les nymphes poussant un cri.*

Ah ! que vois-je !

ACTÉON, *se relève.*

Diane !

CHŒUR.

DIANE ET SES NYMPHES.

Insolent ! téméraire !
Tu voulais l'outrager,
Un trépas exemplaire
Bientôt va la venger !

ACTÉON, *à part.*

Je suis tremblant comme une gelée au rhum !

DIANE, *à Actéon.*

Jeune audacieux ?... Que faisais-tu aux pieds de cette nymphe ?

ACTÉON.

Nous parlions politique...

3.

DANAÉ.

C'est odieux !...

10.

Monstrueux

LÉDA.

Vengeance !

TOUTES.

Vengeance !

ACTÉON, *avec dédain aux nymphes.*

Ça fait la police des mœurs ?...

DIANE, *à Clytie.*

Quel est ce jeune homme ?...

CLYTIE, *baissant les yeux.*

Déesse, c'est le particulier en question...

DIANE.

L'homme aux canards ?...

CLYTIE.

Lui-même !

DIANE, *avec fierté.*

Audacieux mortel ! Qui t'a donné le droit de venir
parler politique à mes nymphes, qui es-tu ?...

ACTÉON, *saluant avec crainte.*

Jean Actéon, petit-fils de Cadmus, qui a inventé
les accents circonflexes.

DIANE.

Mais, par Jupiter ! Ce n'est pas là ce que je te demande... Que disais-tu à cette jeune vierge ?...

ACTÉON, *jetant un cri à part.*

Oh!... ça ne fait rien. (*Haut.*) Jean Actéon, petit-fils de Cadmus, inventeur... (*Il dessine un accent circonflexe avec son doigt.*)

DIANE, *en colère.*

As-tu juré de mettre ma patience à bout, misérable mortel ?...

CLYTIE.

Ah! daignez lui pardonner... ce malheureux est ramolli.

ACTÉON, *sévèrement.*

Clytie !...

CLYTIE, *l'interrompant.*

Oui, déesse, il me parlait de sa passion...

DIANE.

A toi... à une de mes plus chastes nymphes !

ACTÉON, *à part.*

Oh!... ça ne fait rien !...

DIANE, *à Actéon.*

Réponds !...

ACTÉON.

Eh bien... oui, entraînante déesse... ce que vous

dit cette jeunesse est historique... Eh bien, oui, je lui parlais de ma passion.

DIANE.

Tu en conviens...

ACTÉON.

Parfaitement... mais ce qu'elle ne vous a pas dit... ah ! la gaillarde ! (*A Clytie.*) Tu ne lui as pas dit ça, toi... C'est que ce n'est pas elle que j'aime.

CLYTIE, *effrayée.*

Arrêtez, Actéon ! songez devant qui vous êtes...

DIANE.

Mortel !... quel est donc l'objet de cet amour famélique... tu m'intrigues ?...

ACTÉON.

Hélas !... faut-il vous le dire !...

CLYTIE, *vivement.*

Tais-toi, malheureux !...

DIANE.

Parle... je te l'ordonne...

ACTÉON.

Eh bien ! c'est vous !

DIANE, *avec violence.*

Moi !

LES NYMPHES.

Ah !...

ACTÉON.

Pas de bêtises, pas de cris !

DIANE.

Misérable reptile !

CLYTIE.

O Déesse, excusez-le... Il est invalidé !...

ACTÉON, *avec fierté.*

Clytie !...

DIANE.

Au fait, les injures de ce mortel ne sauraient m'atteindre... je lui laisse la vie; mais qu'il y prenne garde ! si, à l'avenir, il ose lever les yeux sur moi, s'il ose paraître à ma vue, à l'instant même...

ACTÉON.

Quoi ?

DIANE, *d'un air menaçant*

Il verra ! Il verra ! venez, mes compagnes...

REPRISE DU CHŒUR.

Insolent ! téméraire !
Tu voulus l'outrager.
Un trépas exemplaire
Bientôt va la venger !

(*Diane et les Nymphes s'éloignent.*)

SCÈNE X

ACTÉON, *seul.*

« Si, à l'avenir, il ose paraître à ma vue à l'instant même il verra!... » Cette proposition pourrait flatter un aveugle... mais moi!... Oh! c'est inquiétant. Je voudrais fuir... eh bien! non... je suis attiré sur ses pas comme par une ficelle invisible à l'œil nu! C'est triste!... c'est piteux!... Et Chiron qui m'avait dit qu'elle m'écouterait. Ah! vieux Chiron que tu es!... Je n'ôte rien à ton intelligence comme cheval... mais, comme homme, je te tarife à la hauteur d'un scarabée. Le voilà!... qu'est-ce qu'il a?...

SCÈNE XI

ACTÉON, CHIRON.

CHIRON, *arrivant au trot et traversant plusieurs fois la scène, sans voir Actéon.*

Ah! mon Dieu!... Ah! mon Dieu!

ACTÉON, *prenant la bride et courant après lui, comme au manège.*

Hé! ho! ho! donc! Vous vous emballez!...

CHIRON, *s'arrêtant.*

Je m'emballe !... C'est toi, mon élève... Ah ! tu es
mon sauveur !... (*Il le décore d'une grande médaille.*)
Il m'arrive une chose lugubre.

ACTÉON.

Et à moi donc !

CHIRON, *d'un air triste.*

J'ai égaré Endymion !

ACTÉON, *avec joie.*

Mon rival ! Ah ! tant mieux !... maudit berger !...
que Pluton te concasse !

CHIRON.

Tu sais que Diane m'avait chargé de le transporter
à Éphèse.

ACTÉON.

J'ignorais ce fait...

CHIRON.

Et quand j'ai été pour le prendre, le gueux n'y
était plus...

ACTÉON.

Eh bien, mettez-le dans les *Petites Affiches...*

CHIRON.

C'est fait. *Récompense honnête... Berger perdu.* J'ai
envoyé une réclame à toutes les feuilles de la Grèce...
à toutes les *Indépendances...* Il aura été détourné par
une Camélia.

ACTÉON.

Tant mieux!... Ça remonte mes actions vis-à-vis de Diane, étant seul, je crains moins la concurrence.

CHIRON.

Erreur !... Tu n'a pas les mêmes moyens de plaire à la déesse... Tu n'es pas berger le moins du monde.

ACTÉON.

Non, mais je suis chasseur au delà de toute expression.

CHIRON.

Tu ne sais pas jouer du chalumeau...

ACTÉON.

Chiron! Est-ce que vous avez bu ?... Si vous avez bu dites le moi et je romps tout commerce avec vous jusqu'à ce que vous soyez remis.

CHIRON.

Pourquoi me dis-tu ça?...

ACTÉON.

Comment! vous venez de me dire que je ne sais pas jouer du chalumeau?... moi qui suis un des premiers chalumistes... un élève de Tytire.

CHIRON, *déclamant.*

Tytire tu patulœ recubans sub tegmine fagi —

SCÈNE XI

ACTÉON.

C'est son neveu... celui qui a repris son fonds.

CHIRON.

Mais tant mieux, mon ami! ton succès auprès de Diane est assuré. Son cœur est insensible, mais c'est toujours par les oreilles qu'on l'a prise.

ACTÉON.

Elle a cela de commun avec les lapins!... O Chiron! qu'est-ce que vous me dites là! vous me faite sauter en l'air!... Tenez voilà des pipeaux.. allons, Chiron, prenons Diane par les ouïes.. O Apollon! protége ton futur beau-frère.

DUETTO.

Comme deux êtres
Champêtres,
Sous les hêtres
Asseyons-nous !
Et, selon le mode antique,
Faisons un peu de musique,
Filons des accords bien doux !
Nous allons entrer en lutte.
Prends ta flûte ;
J'prends ma flûte :
Rendons Apollon jaloux !

ENSEMBLE.

CHIRON,	ACTÉON.
Nous allons entrer en lutte.	Nous allons entrer en lutte.
Etc.	Etc.

ACTÉON

CHIRON.

Tu me suivras not' pour note.

ACTÉON.

Je gage que j'vous dégote !

CHIRON.

Je commence, tu f'ras l'écho.
        (*Chiron joue une ritournelle champêtre.*)

ACTÉON.

Je suis charmé d'sa clarinette !

CHIRON.

Répète
Ma chansonnette !
(*Actéon voulant imiter Chiron, joue le refrain de la Monaco.*)

CHIRON.

Malheureux ! arrête !
Arrête !
Mais tu jou' la *Monaco.*

ACTÉON.

La *Monaco !*... que c'est bête !

CHIRON.

(*Parlé.*) Écoute ça... (*Il joue la fin de la ritournelle.
Actéon veut l'imiter et reprend l'air de la Monaco.*)

CHIRON, *indigné.*

Mais, misérable interprète,
C'est le même air rococo !
Tu nag's dans la Monaco !

ACTÉON, *stupéfait.*

Je suis en plein' Monaco !

CHIRON, *fièrement.*

Je suis vainqueur de la lutte !

ACTÉON.

Non, non, pas encor, vraiment !
C'est la faute de ma flûte...
Changeons un peu d'instrument !
Il prend le chalumeau de Chiron, l'embouche et cette fois joue la
chansonnette du Centaure.)
Est-ce bien ?...

CHIRON, *ravi.*

C'est artistique !

ACTÉON.

A votre tour, mon coco !
(Chiron joue à son tour l'air de la Monaco.)

ACTÉON, *riant.*

Ah ! ah ! ah ! pauvre bourrique,
Vous ôt's dans la Monaco !

CHIRON, *abasourdi.*

J'patauge en plein' Monaco !
       (Indigné.)
Assez ! assez d'Monaco !
       (Jetant son chalumeau.)
   Flûte ! flûte !
   Plus de lutte !
Nous sommes tous deux en butte
A quelque malin courroux.
   Flûte ! flûte !
   De notr' lutte,
Apollon même est jaloux.

ENSEMBLE.

Flûte ! flûte !
De notr' lutte
Apollon même est jaloux.

(Son de cor au loin.)

ACTÉON.

Ah ! j'entends ma déesse et sa cour...

CHIRON.

Elles se rendent à la fontaine et moi, qui ai égaré
Endymion ! sauve qui peut ! (*Il se sauve en galopant
et en fredonnant l'air de la* Monaco.)

A la Monaco,
L'on chasse
Et l'on déchasse.

(*Il disparaît.*)

SCÈNE XII

ACTÉON ; *puis* CLYTIE ET LES NYMPHES.

ACTÉON, *seul.*

De quel diorama, je vais jouir !... mais en attendant le lever du rideau, dissimulons-nous. (*Il se
glisse dans le bosquet à gauche, musique de l'orchestre
et ritournelle du morceau suivant.*)

CLYTIE.

Quel plaisir de nager !

DANAÉ.

De tourbillonner !

TOUTES.

De follichonner !

CLYTIE.

La déesse va venir à sa fontaine avec ses femme de chambre, hâtez-vous d'exécuter sa consigne. (*Des nymphes attachent aux arbres une grande affiche.*

LÉDA.

C'est fait !

COUPLETS.

CLYTIE, *gravement, lisant l'affiche.*

Défense à tout profane
De rôder en ces lieux,
Et de jeter les yeux
Sur cette eau diaphane !
(*Allant à ses compagnes qui l'entourent. — Riant.*)
C'est égal !
C'est égal !
Disons sans penser à mal !
Nymphes de Diane...
Qu'un indiscret
Qui viendrait,

Malgré cet arrêt,
Et reluquerait
Un peu, sans rien craindre...
Ma foi, ne serait
Pas par trop à plaindre !
Non, non, non, non, non !
Mon joli garçon,
Tu n's'rais pas à plaindre !

CHŒUR.

Non, non, non, non, non,
Mon joli garçon,
Tu n's'rais pas à plaindre !

DEUXIÈME COUPLET.

CLYTIE, *avec fierté.*

Moi, je suis bien sévère ;
J'ai passé par le feu !
Tout insolent, corbleu !
Subirait ma colère.
(*Riant.*)
C'est égal !
C'est égal !
Je dis sans penser à mal,
Mais avec mystère...
Qu'un peintre qui risquerait
Un œil indiscret,
Et reluquerait
Un peu pour nous peindre...
Ma foi, ne serait
Pas par trop à plaindre !
Non, non, non, non, non !

Mon joli garçon
Tu n's'rais pas à plaindre !

TOUTES, *riant.*

Non, non, non, non, non !
Mon joli garçon,
Tu n's'rais pas à plaindre !

CLYTIE, *sur la ritournelle.*

A la fontaine! à la fontaine! au bain !... moi je vais faire sentinelle...

TOUTES.

Au bain ! au bain ! (*Elles se sauvent dans les bosquets à droite.*)

ACTÉON, *reparaissant par la gauche avec un grand télescope.*

Voici le quart d'heure... avançons à pas de chat... Je suis bien émotionné... je perds la conscience de mes mollets (*Suppliant.*) Uranie! Toi qui présides aux opticiens, éclaircis mon télescope! (*On entend des éclats de rire.*) C'est le vrai moment... prenons ma stalle au bureau. (*Il avance doucement et regarde du côté où sont les nymphes.*) Ah ! ah ! je suis refait !... je suis floué !... Elles ont des peignoirs. (*Comptant.*) une... deux... quatre... six... sept !... Je reconnais Danaé, supérieurement établie... et celle-là... ah ! Léda... petite folichonne !... Elle est potelée! (*Il jette un cri.*) Ah ! ventre de biche !... Voilà ma déesse !... Ah ! sacrelotte!... oh! sacrelotte !... Elle est cagneuse! Voilà qui est insupportable pour une immortelle ! Ça lui durera plus longtemps qu'à une autre.

CLYTIE, *se montrant.*

Garde à vous ! garde à vous ! (*On entend des cris.*)

ACTÉON.

Dieu ! Clytie m'a dévisagé ! C'est fait de moi ! (*Le ciel s'obscurcit, éclairs et tonnerre, orage à l'orchestre.*)

ACTÉON, *très-effrayé.*

Branle bas de combat !... La nature entière a pris les armes. (*A ce moment, Diane se montre au milieu du feuillage du bosquet et trois fois étend son arc sur la tête d'Actéon, puis disparaît.*)

ACTÉON, *soubresautant.*

Quelle locomotion !... Que sens-je... c'est là, c'est-là ! (*Il porte la main à sa tête sur laquelle viennent de croître subitement d'immenses cornes de cerf.*

Grand Dieu !... Qu'est-ce qui sort de mon front ! J'ai une végétation sur le crâne. (*Il redescend rapidement sur le théâtre.*) Un perruquier !... un perruquier ! Mais c'est un tour pendable... Je déclare que l'Olympe n'est tenu que par des escrocs et des polissons !

SCÈNE XIII

ACTÉON, CHIRON.

ACTÉON, *pleurant.*

Ah ! c'est vous Chiron !

CHIRON, *stupéfait.*

Ah ! grands dieux !

ACTÉON.

Vous voyez devant vous un chasseur bien affligé !

CHIRON.

Qu'as-tu donc sur la tête ?

ACTÉON, *se baissant.*

Je vous présente ce dont je jouis vingôrement...
c'est gentil... c'est régalant !

CHIRON.

C'est hideux !... Où as-tu attrappé ça ?...

ACTÉON, *désolé.*

Ça se voit-il beaucoup ?

CHIRON.

Ça saute aux yeux !

4

ACTÉON.

Je m'en doutais... à la longueur !... Mais je ne peux
pas rester comme ça. Où trouver un coiffeur pour me
mettre cet inconvénient en papillotes ?... Ah ! mais,
j'y pense... et ma meute... Si elle m'aperçoit dans ce
piteux état, mes chiens me prendront pour un dix
cors. Oh ! Chiron, ma situation est dramatique.
(*Reculant.*) Ah ! les voilà !

CHIRON.

Non, c'est Diane.

ACTÉON.

J'aime mieux ça !...

SCÈNE XIV

LES MÊMES, DIANE, CLYTIE,

DANAÉ, IO, LÉDA, ARETHUSE, ET LES NYMPHES, *riant en
se montrant Actéon du doigt.*

Ah ! ah ! ah ! la jolie coiffure ! ah ! ah ! ah !...

CLYTIE, *à Diane.*

Mais, madame, madame... Il ne peut pas vivre
comme ça...

DIANE.

Si, si, parfaitement, on s'y fait... On s'y fait...

CHIRON.

Je connais des particuliers qui vont à la Bourse avec ça.

CLYTIE.

Mais ce pauvre Bébé ne pourra plus faire sa raie !

CHIRON.

Il ne sera plus reçu qu'au club de l'acclimatation !

DANAÉ, *riant.*

Ou à l'Hippodrome...

LES NYMPHES, *riant.*

Ah! ah ! ah !

CLYTIE.

Pitié ! pitié !

DIANE.

Non, non ! mille fois non ! un misérable qui a osé enfreindre ma loi, alarmer toutes les nymphes par sa coupable curiosité !... La vengeance de Diane le poursuivra jusqu'aux enfers.

ACTÉON.

Quel ruban de queue !

CHIRON.

Il n'y a pas de tramway sur cette ligne-là.

CLYTIE *suppliant.*

Déesse, au nom de votre père !

DIANE.

Jamais !...

CHIRON, *s'avançant, bas.*

Au nom d'Endymion !

DIANE, *bas vivement.*

D'Endymion !... veux-tu te taire, imprudent...

CHIRON, *bas.*

Je l'amène... il vous attend. Pardonnez à mon
élève ou je bavarde comme un vieux chroniqueur.

DIANE, *bas*

Chiron, vous abusez de ma faiblesse.

ACTÉON, *à part avec joie.*

Elle est collée ! Chiron triomphe (*A Diane.*) Oui, je
suis coupable... oui, je me suis livré à une astronomie déplacée, mais oublie mon audace et que je
puisse faire l'éloge de ton moral comme de...

DIANE.

Il suffit ! (*A Chiron.*) Il s'exprime bien ce jeune
chasseur !

CHIRON.

Hi ! hi ! hi ! hi !... c'est mon élève... l'espoir de la
république athénienne...

DIANE, *à Actéon*

Je te pardonne, mais silence !

ACTÉON.

Vous me pardonnez! à la bonne heure, mais cette plaisanterie... (*Il montre ses cornes.*)

DIANE, *l'interrompant.*

Je te donne Clytie pour femme...

ACTÉON.

Quoi!... avec ça?... Déjà... Déesse, votre montre avance...

DIANE.

Je te la donne pour femme... et je te délivre de l'ornement qui te gêne... Clytie, allez au bois... (*Les cornes d'Actéon tombent*)

ACTÉON.

Je respire! je jouis d'un front pur et sans nuages.

DIANE.

Mais songes-y, mortel, si tu ne fais pas le bonheur de Clytie, je lui donne le pouvoir de te rendre ce dont je viens de te priver...

CLYTIE, *ramassant les cornes en riant.*

Ah! ah! mon gaillard!

ACTÉON.

Eh bien!... à la bonne heure, à la bonne heure!

CHIRON.

Hi! hi! hi! hi! hi!

4.

LES NYMPHES, *riant.*

Ah ! ah ! ah !

ACTÉON.

Pas de bêtises ! Pas de cris !

CLYTIE, *avec âme dans les bras d'Actéon.*

O mon chéri ! ça ne repoussera jamais... (*A part.*)
Qu'au printemps.

FINAL.

CHIRON, *solennellement.*

Au nom du dieu d'Hymen, enfants, je vous unis !...
(*Très-gaiement.*)
Pour ta femm' sois plein d'confiance...
Et des cornes... d'abondance
Pousseront dans ton logis...

TOUS, *riant.*

C'est l'plus heureux des maris !

ACTÉON.

Tous les ans, ah ! je l'espère,
D'un joli p'tit volontaire
J'enrichirai mon pays !

TOUS.

Quel cadeau pour le pays !

DIANE *à Actéon.*

Surtout plus de télescope,
D'astronomie interlope !
Mortel ! je te le défends !...

TOUS.

Mortel ! je te le défends !

CLYTIE, *avec amour.*

Sois mon cerf !... je s'rai ta biche !...
Et tu verras comme on s'fiche
Des p'tits crevés trop galants...

TOUS.

Des p'tits crevés trop galants !...

CLYTIE.

Comme on s'fiche,
Fiche,
Comme on s'fiche
Des amants
Et des galants !

TOUS.

REPRISE.

Comme on s'fiche,
Fiche,
Etc., etc.

FIN

F. Aureau. — Imprimerie de Lagny.

F. AUREAU. — IMPRIMERIE DE LAGNY

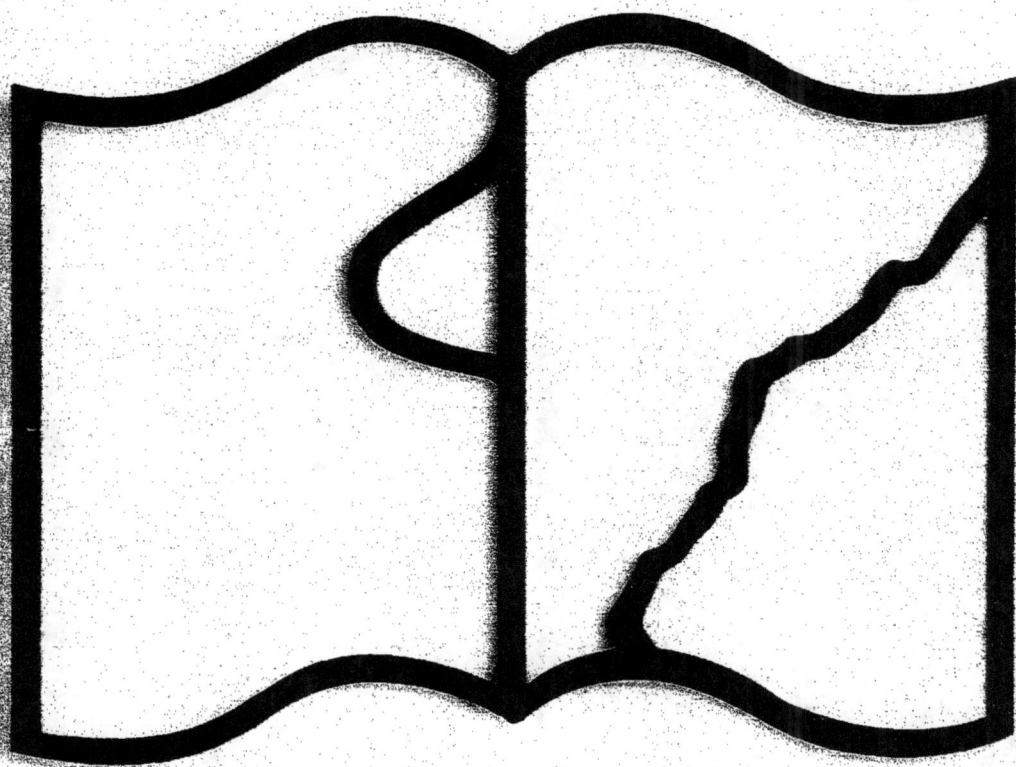

Texte détérioré — reliure défectueuse

NF Z 43-120-11

Contraste insuffisant

NF Z 43-120-14